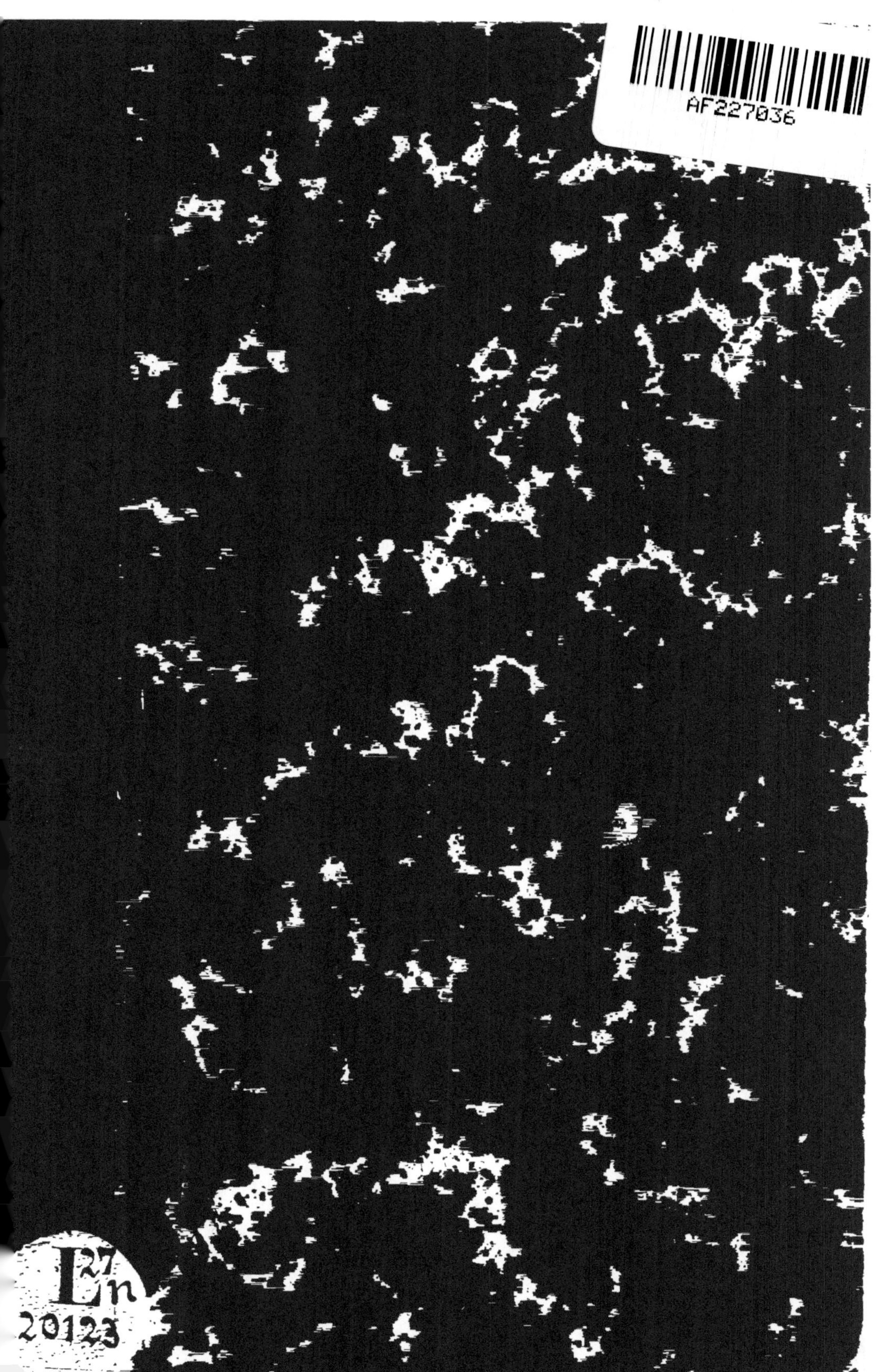

NOTICES

BIOGRAPHIQUES

ET

LITTÉRAIRES.

IMPRIMERIE MAULDE ET RENOU,
3457 Rue Bailleul, 9 et 11.

NOTICES

BIOGRAPHIQUES

ET

LITTÉRAIRES

SUR LA VIE ET LES OUVRAGES DE JEAN VAUQUELIN DE LA FRESNAYE
ET NICOLAS VAUQUELIN DES YVETEAUX, GENTILSHOMMES
ET POÈTES NORMANDS, 1536-1649.

PARIS,

TECHENER, LIBRAIRE, PLACE DU LOUVRE, 12.

—

1846.

NOTICES

BIOGRAPHIQUES ET LITTÉRAIRES

SUR LA VIE ET LES OUVRAGES DE JEAN VAUQUELIN DE LA FRES-
NAYE ET NICOLAS VAUQUELIN DES YVETEAUX, GENTILSHOMMES
ET POÈTES NORMANDS , 1536-1649 (1).

Les poésies de Jean Vauquelin de la Fresnaye sont connues et
recherchées de toutes les personnes qui s'occupent de notre ancienne littérature. Si des Yveteaux, son fils, est moins connu
que lui comme poète, il l'est bien plus comme précepteur de
Louis XIII, et surtout comme personnage bizarre et singulier.
Ayant relu dernièrement les œuvres que nous ont laissées ces
deux hommes remarquables, il m'a semblé que la Bibliothèque
françoise de l'abbé Goujet et la Bibliothèque poétique de M. Viol-
let le Duc ne faisoient pas suffisamment connoître leur personne
et leur talent, et j'ai pensé qu'une notice détaillée de leur vie
ne seroit pas sans intérêt pour les personnes qui s'occupent
d'histoire littéraire. J'ai puisé tout ce que j'ai dit de Jean Vauquelin dans une lecture attentive de ses ouvrages : le cabinet
généalogique ne m'ayant fourni sur lui que quelques faits de famille peu intéressans. Quant à des Yveteaux, un exemplaire
des Origines de Caen de Huet évêque d'Avranches, couvert
d'annotations de la main du savant prélat, déposé à la Bibliothèque du roi, et dont je dois la communication à mon savant
ami M. Guichard, m'a fait connoître avec détail des factums re-

(1) En corrigeant les épreuves de cette notice, je vois annoncé dans le ca-
talogue de M. Bunel, n° 596, Jean Vauquelin de la Fresnaye, par M. Victor
Choisy. *Falaise*, 1841, in 8° de 22 p. Je regrette de n'avoir eu aucune connoissance de cet ouvrage, lorsque j'ai composé celui-ci.

1

latifs à un procès que des Yveteaux eut à soutenir en 1645. Tallemant des Réaux étoit , à ma connoissance , le seul auteur qui eût parlé avec quelque détail de ce procès et des faits qui l'amenèrent ; on verra par ma notice qu'il l'avoit fait inexactement en quelques points. Les indications de Huet m'ont permis de demander utilement à la Bibliothèque du roi les factums qu'il avoit cités, à l'exception de trois qui n'y sont pas ; en revanche, j'en ai trouvé deux que le savant évêque d'Avranches n'avoit pas connus, et dont l'un m'a mis à même de donner deux scènes curieuses de la vie privée de Henri le Grand. Je m'étonne d'autant plus que Huet n'ait pas connu ce factum qu'il est un de ceux qui ont dû être le plus soigneusement conservés à cause de son mérite, et qu'il se trouve aux imprimés et au cabinet généalogique de la Bibliothèque royale et à la Bibliothèque Mazarine. Ce factum est intitulé : *Réponse de M. des Yveteaux à la lettre de M. de la Fresnaye , son frère*, et il est certainement un de ceux dont Tallemant des Réaux admiroit la *vigueur*. Il est, en effet, écrit avec beaucoup d'esprit, de force et de simplicité. Ces factums ne m'ont pas seulement été utiles pour l'époque à laquelle ils ont paru, ils contiennent encore beaucoup de renseignemens sur divers événemens de la vie de des Yveteaux.

JÉRÔME PICHON.

A Factum pour messire Nicolas Vauquelin S. des Yveteaux, conseiller du roy en ses conseils; Nicolas Vauquelin S. de Sacy; Adam du Puy, écuyer; demoiselle Jeanne Félix, sa femme et autres accusez et demandeurs en requeste de cassation des procédures faites et sentence rendue par le bailly de Saint-Germain des Prez. Contre Catherine Couldray se disant veuve de feu Isaac Félix dit Lezinière, et ledit bailly et procureur-fiscal en leur propre et privé nom. Cité sous le titre de factum A. *Inconnu à Huet.*

F Lettre de M. le président de la Fresnaye à M. des Yveteaux, son frère, pour servir de responce à un libelle distribué sous son nom et sous le titre d'un factum. Cité par Huet et par moi sous le titre de factum F.

Response de M. des Yveteaux à la lettre de M. de la Fresnaye, son frère. Cité sous le titre de factum B. *Inconnu à Huet.*

G Factum pour Nicolas Vauquelin, S. des Robours et de Sacy, contre Hercule Vauquelin. *Connu seulement par les extraits de Huet.*

Réponse à ce factum. Idem.

H Factum pour damoiselle Catherine Couldray, veuve de Lezinière.

L Observations des nullitez de la procedure du bailly de Saint-Germain. *Connu seulement par les extraits de Huet.*

Réponse à ces observations. Idem.

I Réplique de la veuve Lezinière aux observations du sieur des Yveteaux.

K Bâtons rompus sur le vieil de la Montagne.

Les factums A F B H I K sont à la Bibliothèque royale, 4° F 2,955.

O Signifie dans mes citations les œuvres de Vauquelin de la Fresnaye. Caen, 1605, in-8°. F Les *Foresteries.* Poitiers, 1555, in-8°.

JEAN VAUQUELIN DE LA FRESNAYE.

En 1554, vers le milieu de ce beau règne de Henri II qui devoit finir si tôt et si tristement, trois jeunes Normands venant d'achever leurs études à Paris, suivoient les cours de droit de la Faculté de Poitiers. Charles Toutain de Falaise, Raphaël Grimoult et Jean Vauquelin de la Fresnaye, avoient étudié à Paris sous Buquet, Tournebu et Marc-Antoine de Muret, commentateur de Ronsard (1). A cette époque si féconde en grands hommes de tout genre, Paris étoit naturellement la résidence de beaucoup d'entre eux. Ronsard venoit de publier son Bocage, Baïf, du Bellay, Jodelle, charmoient la cour de leurs poésies. Le succès de ces grands poètes et la considération que leur avoit acquise leur mérite auprès d'un roi passionné pour les lettres et pour les arts, étoient bien de nature à inspirer à la jeunesse le goût des études littéraires : aussi les trois jeunes amis avoient-ils ressenti l'action de l'atmosphère poétique qui les entouroit. Charles Toutain, penchant pour la poésie dramatique, avoit sans doute commencé dès lors à mettre en scène les malheurs et la mort d'Agamemnon (2); mais l'âme plus tendre de Jean Vauquelin avoit été charmée de la lecture d'Horace et surtout des poètes bucoliques grecs et latins. Les poésies amoureuses de Baïf, de du Bellay et surtout de Ronsard que, suivant son expression, *il adoroit*, avoient achevé de diriger son goût sur ce qu'on a appelé depuis la poésie intime.

Jean Vauquelin étoit issu d'une ancienne famille normande qui existe encore aujourd'hui. Il avoit la prétention d'avoir eu

(1) O. 188.

(2) Cette tragédie dédiée à Gabriel le Veneur, évêque d'Évreux, a été imprimée à Paris en 1556, in-4º, chez Martin Lejeune. Elle est suivie de *deux livres de chants de philosophie et d'amour*. Le tout est d'un très mince mérite. Les chants de philosophie et d'amour sont surtout écrits d'un style très obscur. Deux pièces, dont une sur l'amitié, sont adressées à Vauquelin de la Fresnaye. C'est un volume fort rare. J'en possède un exemplaire aux armes de de Thou.

des ancêtres (1) dans l'armée de Guillaume le Conquérant, mais
cette prétention n'est appuyée d'aucune preuve. Il étoit né en
1536. Son père, nommé Jean comme lui, lieutenant de gens
d'armes sous le maréchal d'Annebaut, étoit mort le 10 juillet
1545 (2), à trente ans, laissant son fils en bas-âge et sa terre
de la Fresnée au Sauvage, chargée des dettes qu'il avoit con-
tractées pour suivre le métier des armes (3). Sa veuve, Barbe
de Boislichausse, mère du jeune Vauquelin, tendrement atta-
chée à son fils, parvint, à force d'ordre et d'économie, à ac-
quitter les dettes de son mari (4). Elle s'occupa activement de
l'éducation de son fils. Alors, aussi bien qu'aujourd'hui, Paris
étoit considéré comme le centre des études ; sa mère l'y en-
voya. Mais il avoit passé sa première enfance dans cette terre
de la Fresnée au Sauvage, qui avoit été, dit-il, *le souci de son
père,* et qui étoit alors le sien : malgré son goût pour l'étude,
sa pensée se reportoit sans cesse sur les campagnes témoins de
ses premiers jeux et de ses sensations premières. Ce fut, sans
doute, l'attachement extrême que Vauquelin conserva toujours
pour la Fresnée au Sauvage qui lui fit préférer la lecture des
auteurs bucoliques, et le porta à écrire lui-même dans ce genre
de poésie.

Pendant qu'il étudioit à Paris, Jean Vauquelin avoit long-
temps hésité sur le choix d'une carrière. Tantôt aspirant à une
vie paisible et retirée, il se demandoit s'il ne devoit pas venir
habiter sa terre, aimant comme son père les chevaux, la chasse,
les bâtimens (5), tantôt pensant à son oncle des Iveteaus (Charles Vauquelin), écuyer du comte de Brienne et capitaine sous

(1) Dès ce temps mes maieurs déjà nobles vivoient
    Et nos ducs généreux en leurs guerres suivoient,
    Mais Vauquelin du Pont Vauquelin de Ferrières, etc. O. 186.

(2) Huet. Cependant suivant les pièces généalogiques que j'ai vues, il s'é-
toit marié en 1513. Il n'auroit donc eu que seize ans à cette époque. Quoi-
qu'on se mariât très jeune autrefois, je serois porté à croire que la date
de 1545 donnée par Huet, est inexacte.

(3) O. 187.

(4) O. 187. F. 61.

(5) O. 219.

le prince de Porcien (1) fait prisonnier au combat de Ligny en Barrois (2); il vouloit suivre le parti des armes : d'autres fois assistant à Paris aux magnificences des fêtes royales, il auroit voulu s'attacher aux princes et faire son chemin à la cour ; mais espérant succéder à son oncle Guillaume Vauquelin, sieur de Nécy, dans sa charge d'avocat-général au parlement de Rouen (3), il s'étoit décidé à étudier la jurisprudence et étoit parti pour Poitiers en 1554, emportant dans son cœur le goût pour la poésie que lui avoient inspiré ses études classiques.

Ce goût fut encouragé dans le voyage par la rencontre qu'il fit à Angers, de Jacques Tahureau (4) poète, qui chantoit alors la maîtresse qu'il nous a fait connoître sous le nom de l'*Admi-rée*. Tahureau paroît avoir engagé Jean Vauquelin et ses amis à écrire. Vauquelin, reconnoissant de ses conseils, composa dans la suite pour ce poète, mort à la fleur de l'âge, une épitaphe qui n'a au reste rien de remarquable (5).

Arrivés à Poitiers, Vauquelin, Toutain et Grimoult se lièrent avec Scévole de Sainte-Marthe dont

Les vers enchanteurs,
Après eux attiroient les filles et pasteurs (6).

On conçoit facilement que l'étude du droit ait eu peu de charmes pour des esprits si poétiques : aussi Vauquelin nous avoue-t-il ingénument qu'au lieu de démêler les *épineuses* lois, il se livroit à son amour pour les muses (7). Les rives du Clain (8), le Mont-Joubert (9), étoient le théâtre de promenades où nos jeunes gens ne parloient guères du Digeste. Vauquelin

---

(1) Généalogie d'Hercule.
(2) O. 219.
(3) O. 220. Cependant Guillaume avoit des enfants, et sa charge passa, comme il étoit naturel à cette époque, à un de ses fils.
(4) O. 188.
(5) O. 665.
(6) O. 178.
(7) O. 77 et 188.
(8) F. 61, v° et passim.
(9) O. 175. 705.

surtout se plaisoit à composer des idylles dont il plaçoit souvent la scène dans les lieux où s'étoit écoulée son enfance. Les personnages n'étoient autres que lui et ses amis, et pour donner à leurs noms une couleur pastorale, ou plutôt *rustique*, il appeloit Sainte-Marthe *Sanmar*, Charles Toutain *Carlet* : pour lui, il se donnoit le nom de *Sauvaget* (1), à cause de sa chère *Fresnée au Sauvage*.

On ne conçoit guère un berger sans bergère et un poète sans amour. Si l'on en croit Vauquelin, son ardente imagination lui créa une beauté idéale dont il devint passionnément épris : mais à dix-neuf ans un amour sans objet ne suffit pas long-temps, aussi, Vauquelin se rappela bientôt qu'il avoit :

> N'estant que garçonnet senti les appétits
> D'un amour enfantin, aimant une fillette
> Qui jeune avecques luy, petite infantelette,
> Avoit fait mile jeux et mile fois cueilli
> La rose printennière et le bouton jolli,
> Des rudes aiglantiers et des fois plus de mille
> Au bois avoit baisé sa bouchette gentille.
> Souvent cette fillette en son cœur ramenoit.
> Le désir inconnu qui tant l'aiguillonnoit
> De se revoir grandet jouir de cette face
> Dont il souloit jouir en son enfance basse (2).

L'image des nymphes et des déesses, dont il avoit lu les amours dans Ovide, venoit quelquefois s'offrir à son imagination. Il se disoit que les nymphes étoient plus d'une fois sorties des arbres aux yeux des bergers étonnés.

> Que les autres sortoient
> Du bord des ruisselets quand elles s'ebatoient
> A tresser et friser leur chevelure blonde,
> D'une éponge asséchant l'humidité de l'onde.
> Les autres ès forests plus blondes et plus belles
> (Car le soleil ardant ne bat jamais sur elles),
> Aux ombrages prenoient mile sortes d'ebats
> Ou contoient aux mortels leurs destins ici-bas,
> Et qu'elles, quelquefois, s'addressoient amoureuses
> A ceux qui fréquentoient devots leurs roches creuses (3).

(1) F. 11 et passim.
(2) O. 617.
(3) O. 616.

Mêlant ses souvenirs d'enfance à ces gracieuses fictions de la mythologie païenne, il lui sembloit que cette fillette, qui avoit été l'objet de ses premières sensations tendres, devoit lui apparoître au milieu des bois revêtue de toutes les perfections de sa maîtresse idéale. Si un oiseau venoit à s'envoler près de lui, si le feuillage des arbres s'agitoit inopinément, il tournoit aussitôt la tête croyant voir sortir du taillis la femme qui devoit combler le vide de son cœur (1). Alors, dit-il :

> Les lieux les plus déserts, les lieux inhabitez,
> Sauvages, montaigneux et pleins d'obscuritez,
> Effroyables à voir et dont les eaux tombantes
> Des rochers, étonnoient les bestes paturantes,
> Me sembloient mesme avoir quelque divinité
> Qui me réfiguroit le trait de sa beauté,
> Et me sembloit encor que les vaux, les montagnes,
> Les antres, les ruisseaux, les forests, les campagnes,
> Sans cesse l'appeloient, et que les arbrisseaux
> Resonnoient son beau nom au jargon des oiseaux (2).

Myrtine étoit ce beau nom de l'invention de notre poète (3), mais quoi qu'il en ait dit, je ne suis pas persuadé que la personne à qui il l'avoit donné, n'ait jamais existé. Certains passages de ses poésies (4) me feroient penser que Myrtine fut un personnage très réel, et qu'il s'efforça de nier son existence pour calmer la jalousie *rétroactive* de la Philis dont nous allons parler.

Quoi qu'il en soit, Vauquelin, alors âgé de dix-neuf ans seulement, fit imprimer en 1555, chez Enguilbert de Marnef, célèbre imprimeur de Poitiers, le Recueil des poésies qu'il avoit composées dans cette ville. Il les intitula : *Les deus premiers livres des foresteries de J. Vauquelin de la Fresnaie*, et les dédia à M. du Val, eveque de Sées (5).

Ce recueil a toujours été traité assez légèrement par les per-

(1) O. 617.
(2) O. 617.
(3) O. 618.
(4) O. 555. Il dit qu'il avoit quitté Myrtine. O. 621. Épitaphes de Myrtine.
(5) La Fresnaye au Sauvage étoit alors, comme aujourd'hui, du diocèse de Séez.

sonnes qui ont parlé de Vauquelin, et lui-même a pu en être cause à raison du peu de cas qu'il a semblé faire ensuite de ses premières productions. Il s'accuse, en effet, d'avoir cueilli ses fruits hors de saison, et d'avoir, *aveuglé de son amour paternel,* fait voir la lumière à ses vers *encore sans yeux et sans pieds* (1). Les bibliographes qui ont lu ou parcouru le gros volume de ses œuvres se sont tenus pour avertis, et se sont bornés à donner sur ce recueil l'opinion même de son auteur. Si cependant on lit les *Foresteries,* non plus comme l'auteur a pu les relire quarante ou cinquante ans après les avoir composées, c'est-à-dire préoccupé des changemens profonds que Malherbe et son école naissante avoient introduits dans la langue et la poésie françoise, mais en prenant la langue et la littérature au point où elles en étoient en 1555 ; si on ajoute à cette considération celle de l'âge de l'auteur, les Foresteries ne paroîtront certainement pas dignes de mépris. On y reprendra l'abus des diminutifs dont presque tous les poètes amoureux de cette époque ont usé sans mesure, et dont le gracieux Remi Belleau s'est tant servi dans ses Bergeries, notamment dans ses Bergers. On y verra, comme dans les idylles de Ronsard, des bergers désignés par des noms qui nous paroissent ridicules aujourd'hui, mais, en revanche, on y trouvera du feu, et un génie poétique qui ne se retrouve guère dans les poésies sérieuses du même auteur, c'est-à-dire dans son art poétique et ses satyres. C'est qu'en effet :

> Doux sont les fruits d'été : mais douce est la saison
> Où moins nous connoissons le fond de la raison (2).

(1) O. 621.
(2) O. 614.

Je donnerai comme exemple la pièce suivante adressée à un rossignol et qui, à mon avis, ne manque ni de grâce ni de correction. (*Foresteries,* 40 v°.)

> J'étois ici sous l'ombrage
> De ces rameaux nouvelets,
> J'écoutois en ce bocage
> Gassouiller les oiselets ;
> Mais, au bruit de leur murmure,
> M'endormi sur la verdure.
>   Soudain je vi ma mignonne
> En songeant qui me flattoit,

Jean Vauquelin étoit encore à Poitiers en septembre 1555 (1); mais il revint cette année même en Normandie, et conservant son goût pour la poésie, il continua à composer des poésies pastorales sur les rives de l'Orne et dans les forêts d'Andaine et de Getel (2). Mais il ne resta pas long-temps dans sa terre : Ayant souffert, dit-il, *une dure reprise* (3), il partit pour aller étudier à Bourges le droit plus sérieusement qu'il ne l'avoit fait à Poitiers. Quelle fut cette *dure reprise?* Il est permis de supposer que sa mère, mécontente de la publication de ses *Foresteries* auxquelles leur titre sembloit encore promettre une suite, lui fit de sérieux reproches sur la futilité de ses occupations et sur son incurie de l'avenir.

Vauquelin connoissoit depuis son enfance (4) la jeune Anne de Bourgueville, fille de Charles de Bourgueville, S. de Bras et de Brucourt, lieutenant-général au bailliage de Caen (5), auteur des *Recherches et Antiquités de Neustrie.*

Une des seigneuries de M. de Bourgueville étoit située sur les bords de l'Orne (6), et les deux familles se voyoient sou-

> Me disant, tien je te donne
> Ce qu'hier ton cœur souhaitoit.
> Mais quoi? je n'eu pas l'espace
> De jouir de céte grâce!
>   Car la vois haut babillarde
> D'un sifflant rossignolet
> N'a cessé d'être criarde
> Tant qu'el' m'ait laissé seulet,
> En m'ôtant la pucelete
> Qu'à mon réveil je souhaite.
>   Que veus-tu, di, qu'on te face,
> Que veus-tu criard oiseau?
> Qu'on te prenne en quelque place,
> Et qu'on coupe d'un ciseau,
> Rossignol, tes aileretes
> Dont tu voles aus branchetes? etc.

(1) Dédic. des Forest.
(2) O. 713.
(3) O. 188.
(4) O. 477.
(5) Huet, 554.
(6) O. 512.

vent (1). S'il faut prendre au pied de la lettre ce que dit Vauquelin dans ses amours de Philis (nom sous lequel il a chanté
mademoiselle de Bourgueville), il étoit devenu fort amoureux
d'elle, probablement à son retour de Poitiers; mais il n'osoit le
lui dire. Philis, remarquant sa pâleur, sa tristesse, le pressa de lui
en faire connoître la cause. Philanon (c'est le nom que se donne
Vauquelin dans ses *Amours de Philis*) lui avoua qu'il étoit amoureux. Elle s'efforça en vain de lui faire dire le nom de celle
qu'il aimoit, mais finit par obtenir qu'il lui montreroit son portrait. Un jour qu'ils étoient ensemble dans la vallée de l'Orne,
Philis pressa Philanon de tenir sa promesse. Ils étoient assis
sur le bord d'une fontaine. Regardez dans cette eau limpide,
lui dit Philanon, vous y verrez les traits de celle que j'aime. La
naïve Philis se penche, regarde ; mais,

> O grand'pitié! Philis nicete
> S'estant veue en l'onde clairette,

s'éloigna tout irritée ou feignant de l'être, et depuis évita constamment Philanon (2). Désespéré, celui-ci *mena paistre ses bœufs
autre part,* ou en d'autres termes quitta le pays, et alla étudier
à Bourges le droit que professoient alors dans cette ville Duarin, Balduin et Donneau (3). Le premier de ces jurisconsultes
étoit surtout fort célèbre (4); mais le pauvre Philanon eut peine
à se mettre à l'étude du droit. Il trouvoit que le *divin* Duarin
lui rompoit le cerveau (5), que les antinomies confondoient ses
idées. Il avoit retrouvé à Bourges son cher Sainte-Marthe (6);
puis il avoit conservé des relations avec ses amis de Poitiers (7).
On s'envoyoit réciproquement les vers qu'on avoit composés
pour se récréer l'esprit fatigué par l'étude des lois (8). Puis la

(1) O. 447.
(2) O. 456.
(3) O. 472.
(4) O. 703.
(5) O. 472.
(6) O. 703.
(7) O. 711.
(8) O. 712.

Sainte-Chapelle de Bourges le faisoit penser à Agnès Sorel et au grand berger qui laissoit aux loups tous ses troupeaux pour vivre avec elle (1). D'Agnès à Philis la pensée marchoit vite et le droit étoit négligé.

Cependant Vauquelin prit enfin son parti, et étudia sérieusement (2). Après trois ou quatre ans de séjour à Bourges, il revint dans sa patrie (3), et eut peu de temps après son retour la charge d'avocat du roi au bailliage de Caen (4). Sa fortune s'étoit d'ailleurs augmentée de divers fiefs auxquels il avoit succédé comme aîné de sa famille (5). Il aimoit toujours mademoiselle de Bourgueville (6) ; de son côté, elle se repentoit vivement de l'avoir si fort maltraité (7). Les deux amans furent bientôt d'accord. Si on l'en croit, un beau jour que

> Les éléments estoient pleins de ris et d'amour,

Ils se jurèrent un amour éternel, puis :

> ... Philanon proche d'elle
> Lui donne un doux baiser ou bien il le receut,
> Car si pris ou donné (8) point on ne l'aperceut,
> Il fut pris et receu d'une grâce si belle
> Qu'une fois il sembloit un baiser de pucelle,
> Il sembloit l'autrefois pris de telle façon
> Qu'on l'eust dit le baiser d'un amoureux garçon (9).

Enfin, le 5 juillet 1560 (10), il épousa Anne de Bourgueville. Cette union fut heureuse. Jean Vauquelin resta tendrement

(1) O. 472.
(2) O. 188.
(3) O. 449.
(4) Huet, 344.
(5) O. 188.
(6) 6O. 449.
(7) O. 470.
(8) Si je ne m'étois pas imposé la loi de ne rien changer aux vers que je cite, j'aurois fait un léger changement à cet hémistiche qui auroit rendu bien plus claire la charmante pensée de l'auteur, j'aurois mis : « S'il fut pris ou donné. »
(9) O. 510.
(10) Son contrat de mariage est du 21 août 1559 (cabinet généalogique. C'est sans doute ce qui a fait dire à Huet (Orig. de Caen, p. 347) que ce mariage avoit eu lieu en 1559. Mais Vauquelin donnant positivement la date de 1560, p. 513

attaché à sa femme, aussi avoit-il trouvé que l'anagramme de son nom étoit : *Lieu n'ai qu'à une*, et celui de sa femme *D'un gré louable unie* (1).

Quelques pièces semblent indiquer que l'amour de madame de la Fresnaye pour son mari ne fut pas exempt de jalousie (Voir O. 608), et d'autres nous montrent aussi que notre poète ne fut pas toujours insensible aux charmes des beautés qu'il eut occasion de connoître (O. 723, 725) (2).

de ses œuvres, il n'y a pas à balancer, et on doit conclure ou que la date du contrat (1559) est fautive ou plutôt que Vauquelin se maria un an après la signature de son contrat. Huet dit encore que M. de Bourgueville résigna sa charge de lieutenant-général à Jean Vauquelin en lui donnant sa fille (Orig. de Caen, p. 354). Cependant il nous avoit dit plus haut (p. 346) que M. de Bourgueville n'avoit eu cette charge qu'en 1568. Le premier acte connu fait par Vauquelin en qualité de lieutenant-général est de 1578.

(1) O. 522. 3.

(2) Je ne sais à quelle époque de sa vie il faut rapporter une idylle dans laquelle il déplore le mariage d'une jeune fille qu'il aimoit. Il seroit possible que cette pièce fût traduite ou imitée de quelque poète ancien ou étranger, ou qu'il l'eût composée dans un temps où il craignoit de voir mademoiselle de Bourgueville épouser un autre que lui. Comme cette idylle est suivant moi une de celles qui font le plus d'honneur à son talent poétique. Je la donnerai ici.

> Amour la pastourelle aimée
> Que pucelle j'ai tant aimée
> Sera demain, comme je croy,
> Épouse en triomphe menée
> Sous le joug du bel hyménée
> A Damet plus heureux que moi.
>
> Si je juge bien, il me semble,
> Qu'Ore à la rose elle ressemble,
> Et que son aise est tout pareil
> Quand au matin sa robbe verte
> Elle a doucettement ouverte
> Aux chauds rayons d'un beau soleil.
>
> Je ne verray jamais la face
> De Damet, qu'une froide glace
> Ne me gele le cœur jalous :
> S'elle doit d'un feu pitoyable
> Réchauffer ma glace effroyable,
> Amour le sçait et non l'épous.
>
> Curieux, je jetteray ma veue
> Sur sa gorge, sur sa chair nue,

Mais nous avons assez parlé de Vauquelin, jeune homme et amoureux ; cette partie de sa vie est au reste celle sur laquelle ses poésies nous donnent le plus de détail : voyons-le maintenant homme sérieux, père de famille, magistrat, mais toujours poète, toujours tendrement attaché à ses souvenirs d'enfance et aux lieux qui l'avoient vu naître.

L'année même de son mariage, Vauquelin, ayant retrouvé chez les libraires (1) ses *Foresteries* imprimées en 1555, eut l'idée de les faire réimprimer, quoique dès lors il trouvât ses vers grossiers et inférieurs à ceux qu'il avoit composés depuis (2). Il composa même à cette occasion une épître dédicatoire à M. de Saint-François, depuis évêque de Bayeux, qui devoit précéder la nouvelle édition des *Foresteries* (3). Mais il ne donna pas suite à ce dessein, et son mépris pour ses premières productions, augmentant à mesure qu'il avançoit en âge, le volume de ses œuvres qu'il publia en 1605, ne contient aucune des pièces qui composent les *Foresteries* même corrigée ou refondue, quoique dans l'épître dédicatoire dont je viens de parler, il eût en quelque sorte pris l'engagement de revoir

Les fruits non encor meurs de sa verte jeunesse (4).

Mais à cette époque, une ère nouvelle s'ouvroit pour la France; Henri II étoit mort : les religionnaires et les ambitieux, n'étant plus contenus par la main ferme d'un roi belliqueux,

Sur son visage et sur son sein
Tourmentant mon âme jalouse
De voir une si belle épouse
Sous le pouvoir d'une autre main.

Alors comme pourray-je vivre
En la voyant une autre suivre
De qui le cœur au sien est joint
Si charitable et si benine,
Elle ne montre pas un sine
Qu'en vain je ne soupire point.

O. 576.

(1) O. 621.
(2) O. 621. 2.
(3) O. 613.
(4) O. 622.

commençoient alors ces guerres sanglantes qui devoient déso-
ler la France pendant trente-cinq ans, et ne finir qu'au règne
d'or de Henri le Grand. Il est probable que les circonstances
politiques empêchèrent Vauquelin de faire réimprimer ses *Foresteries*. La conjuration d'Amboise avoit cette année même
donné le signal des guerres civiles. Le souvenir de cet événement resta long-temps gravé dans l'esprit de Vauquelin. Hélas !
s'écria-t-il long-temps après :

> Las nous estions du temps que la fureur françoise
> Commença nos malheurs au tumulte d'Amboise,
> Nous en avons l'horreur encor painte en nos cœurs,
> Malheureuse aux vaincus, dommageable aux vainqueurs (1) !

Profondément affligé des malheurs de la France, il adressa à
la reine-mère un petit poème ayant pour titre : *Pour la monarchie de ce royaume contre la division*. Cet opuscule, composé en
1562, n'a, si je ne me trompe, vu le jour qu'en 1567 (2). Vauquelin s'y montre très dévoué à la monarchie, très opposé aux
novateurs.

Cette pièce, fort médiocre du reste, paroît avoir été confon-
due par Vauquelin avec ses premières productions qu'il mépri-
soit, et ne fut pas reproduite dans le volume de ses œuvres
imprimé en 1605.

Un triste événement arrivé à Rouen en 1569, donna occasion à Jean Vauquelin d'exercer son talent poétique. A l'occasion d'un mariage sur lequel il ne donne aucun détail, on donna
à Rouen une fête brillante. Parmi les personnes distinguées
qui s'y trouvoient réunies, on remarquoit messire Tanneguy,
le Veneur (3) comte de Tillières et de Carrouges, lieutenant-
général en Normandie, et gouverneur du château de Rouen.

---

(1) O. 228. Vauquelin ajoute que les circonstances lui rappellent celles qui
précédèrent le tumulte d'Amboise, mais je n'ai pu découvrir à quelle époque
il écrivoit ces vers.

(2) Le privilége est daté du 17 février 1562 ; mais la plus ancienne édition
que je connoisse est de 1567. Lacroix du Maine et du Verdier citent des
éditions de 1569 et 1570.

(3) Vauquelin lui a adressé la première satyre de son IIIe livre, il mourut
en 1592.

Magdeleine de Pompadour (1), sa femme, s'y trouvoit également. Elle avoit amené avec elle Magdeleine de Bailleul, fille de M. de Bailleul du Renouart (2), jeune personne d'une beauté parfaite et d'un esprit distingué (3), qui étoit sa parente, et demeuroit ordinairement chez elle. Au milieu de la fête, un incendie éclata. Mademoiselle de Bailleul, vêtue d'une robe légère de taffetas vert et blanc (4), périt dans les flammes avec une de ses amies, mademoiselle de la Moricière. La joie se changea bientôt en désolation. Madame de Carrouges couroit çà et là tout échevelée (5) en proie au plus violent désespoir, et tremblant d'annoncer cette triste nouvelle aux parens de la jeune fille. La ville de Rouen tout entière partagea cette douleur, et Vauquelin, qui étoit lié avec l'oncle de cette infortunée, composa à l'occasion de cet événement trente-trois sonnets et un tombeau qui ne manquent pas de sentiment (6).

Les guerres civiles continuant à ensanglanter la France, Vauquelin laissa pour quelque temps la magistrature. Jacques de Matignon, lieutenant pour le roi en Normandie sous le duc de Bouillon, gouverneur (7), l'employa activement dans cette glorieuse campagne de 1574, qui eut pour résultat la dispersion des troupes anglo-françoises, que le comte de Montgommery avoit amenées d'Angleterre, et la prise de ce malheureux seigneur. Vauquelin étoit commissaire des vivres à l'armée de

(1) J'ai vu cette année (1844) au château de Carrouges, ouvert aux visiteurs avec la plus noble hospitalité, le portrait de ces deux personnages desquels descend en ligne directe M. le comte Le Veneur, propriétaire de cette belle terre. Madame de Carrouges étoit fort jolie.

(2) Le père Anselme n'a pas su à quel point de la généalogie de Bailleul il devoit rattacher ce Bailleul du Renouart. Il devoit être frère de Bertrand de Bailleul, mort le 17 juillet 1570, si toutefois la généalogie donnée par le père Anselme est complète. En effet, les vers sur la mort de Magdeleine sont adressés à un Bailleul qui étoit son oncle, et Bertrand est le seul Bailleul, vivant en 1569, qui ait pu avoir cette qualité.

V. Hist. des gr. Of de la C., t. VIII, p. 80.

(3) O. 698.

(4) O. 686.

(5) O. 692.

(6) O. 681 à 700.

(7) Odolant Desnos, Mém. s. Alençon II, 277.

Matignon, conjointement avec le sieur de Mommort(1). Il assista
au siége et à la prise de Domfront en mai 1574, et il composa
une épitaphe pour Jacques d'Assi, chevalier S. d'Ouilly le
Tesson et baron de Conteville, guidon de cent lances (sous
M. de la Meilleraye), tué à ce siége dont il faut lire la relation
dans les savans mémoires d'Odolant Desnos sur Alençon (2).

Henri III avoit succédé à Charles IX. Il n'avoit pas pour la
poésie le goût délicat de son frère, mais il étoit cependant *de
race des Valois, c'est-à-dire d'une race obligeante et passionnée
pour les bons esprits* (3). Il sut que Vauquelin avoit commencé ou seulement projeté un art poétique. Il lui écrivit (4),
dès la première année de son règne (5), d'exécuter cet ouvrage.
Vauquelin connoissoit le poète Desportes. Cet homme distingué avoit la faveur de Joyeuse, et par contre-coup celle du
roi, et se servit constamment de son crédit pour être utile
à tous les gens de mérite qui en eurent besoin (6). Il vanta
le talent de Vauquelin au duc de Joyeuse, au Roi (7), et
attira ainsi à notre poète la bienveillance du Roi et de son
favori Joyeuse qui, étant amiral de France, donna à Vauquelin l'intendance des côtes de Normandie (8). Aussi Vauquelin
lui dédia-t-il ses épigrammes (9), et l'a-t-il comparé à Mé-
cène (10). Desportes eut aussi part à la reconnoissance du
poète qui lui adressa une de ses satyres (11), et le nomme dans
maint endroit de ses poésies.

Il ne tint pas à Desportes que Vauquelin ne vînt à la cour :

(1) O. 676.
(2) Alençon 1787, 2 vol. in-8°, fig. II, 299.
(3) Colletet. Vies des poètes françois (manuscrit), art. Cl. Gauchet.
(4) O. 119.
(5) O. 120. Ce passage est assez obscur.
(6) C'est lui qui fit nommer J. A. de Thou conseiller au Parlement. V. les
Mém. de la vie de De Thou à l'année 1575.
(7) O. 190. 281 et passim.
(8) O. 190.
(9) O. 625.
(10) O. 120.
(11) O. 155.

il l'avoit engagé à présenter ses vers au roi, et lui assuroit qu'il ne pouvoit manquer d'en être récompensé dignement, mais Vauquelin s'y refusa. Il avoit déjà été appelé à la cour par un prélat qu'il ne nomme pas (1).

(1) O. 158. 9.

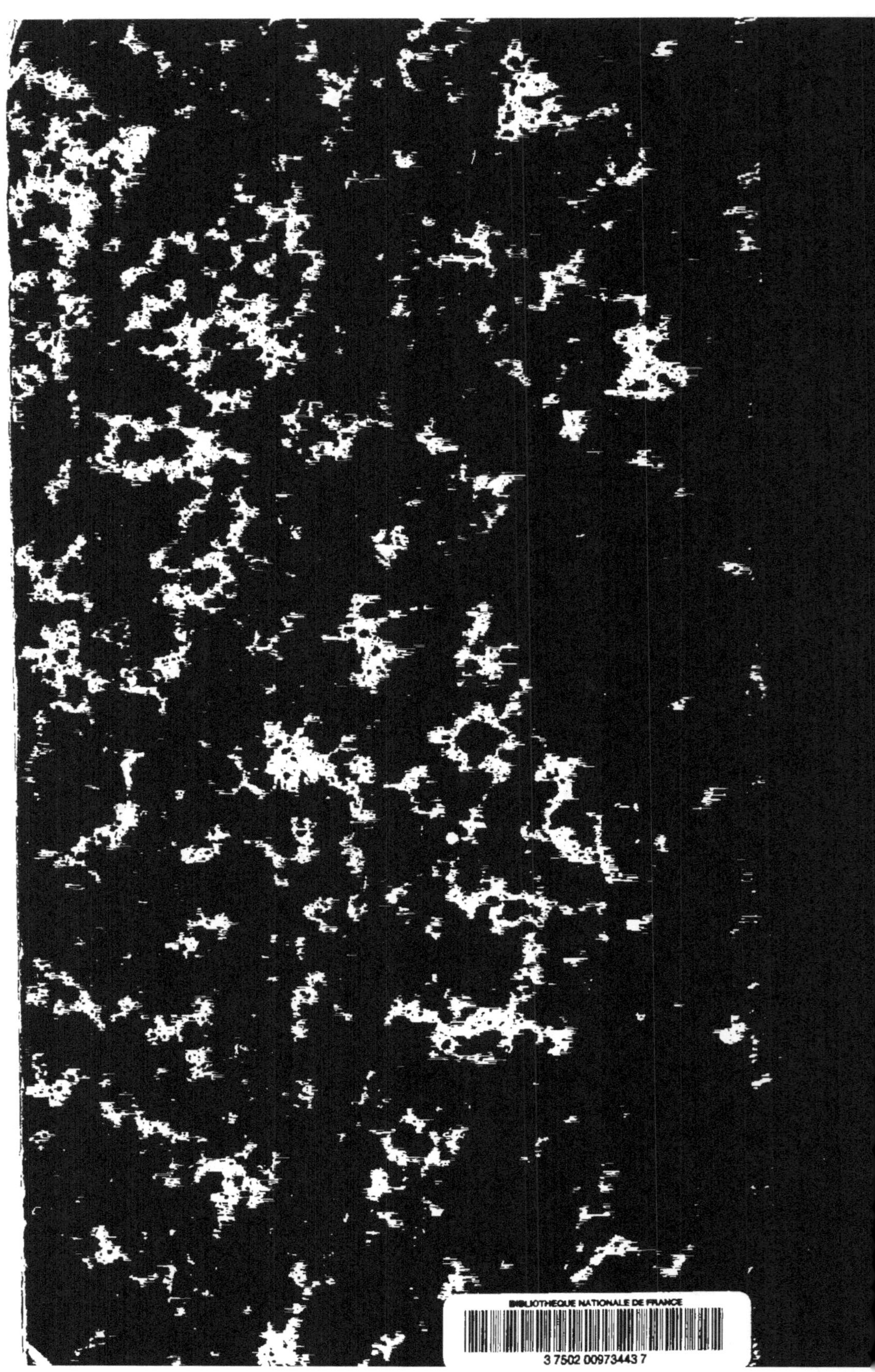

www.ingramcontent.com/pod-product-compliance
Lightning Source LLC
Chambersburg PA
CBHW061126050726
47594CB00005B/2108